# INSTRUCTION

*Que le Roi a fait expédier aux Inspecteurs généraux de sa Cavalerie.*

## Du 25 Avril 1770.

## DE PAR LE ROI.

SA MAJESTÉ voulant qu'il soit procédé à la revue de ses Troupes, son intention est que les Inspecteurs qui en seront chargés cette année, se conforment avec la plus grande exactitude à l'instruction qu'Elle a fait expédier à cet effet.

### ARTICLE PREMIER.

LES Inspecteurs ne feront qu'une revue :

Sa Majesté considérant que l'éloignement des troupes que quelques-uns d'eux sont chargés d'inspecter, ne pourra pas leur permettre d'en voir la totalité dans le courant du mois de Septembre, Elle les autorise à procéder à leurs revues lorsqu'ils le jugeront convenable, soit en Juin, Juillet, Août ou Septembre, temps réglé pour leur service : mais Sa Majesté desirant de connoître la situation de ses troupes, telle qu'elle sera au 1.er Septembre prochain ; &

A

ne pouvant en être exactement informée que par les Inspecteurs, Elle entend que quoique leurs revues aient été faites antérieurement à cette époque, elles ne soient fermées qu'audit jour 1.<sup>er</sup> Septembre: Veut à cet effet Sa Majesté qu'il soit ordonné par eux aux Majors desdites troupes, de leur adresser des états qui puissent leur faire connoître le *déficit* qui sera arrivé depuis la revue qu'ils en auront faite, & les mettre en état d'étendre leur travail jusqu'audit jour 1.<sup>er</sup> Septembre; ces états seront signés du Commandant du corps & du Major.

On entre dans le détail de ce que les Inspecteurs auront à faire, & des comptes qu'ils auront à rendre.

### 2.

La Masse établie pour les recrues par l'ordonnance du 1.<sup>er</sup> janvier 1768, a été approuvée de tous les corps; elle leur présente en effet toutes sortes de moyens pour composer les régimens d'hommes en état de servir, & sur la fidélité desquels on puisse compter: Mais il est bien important qu'il soit fait de cette Masse l'emploi utile que Sa Majesté s'en est promis, & les Inspecteurs donneront la plus grande attention à l'examen des dépenses qui seront faites dans cette partie, en obligeant les États-majors des corps, à se conformer avec exactitude à ce qui est prescrit par l'ordonnance de ladite Masse & par l'instruction du 30 avril de l'année 1768; ils tiendront aussi la main à l'exécution de ce qui a été ordonné, tant pour le prix de l'engagement que pour le *pour-boire*, & ils n'alloueront aucune dépense excédant les trente livres qui ont été réglées pour chacun de ces deux objets.

### 3.

Sa Majesté avoit senti les années précédentes l'importance dont il étoit de se mettre en état de pouvoir secourir les corps qui auroient des difficultés à se compléter, ou éprouveroient des pertes considérables, soit par mort, désertion ou autrement: ces motifs l'avoient déterminée à former

### 3

quatre dépôts qui font établis dans les villes de Saint-Denys, Lyon, Touloufe & Tours, & où font affemblées les recrues qui font faites par les foins du fieur Agobert. Ceux des régimens qui auront befoin de ce fecours, continueront de s'adreffer au Secrétaire d'État ayant le département de la guerre, qui jugera du nombre d'hommes qui pourra leur être accordé; mais Sa Majefté entend en même temps que l'on n'ait recours à cette voie que dans le cas de perte extraordinaire, voulant que les États-majors des corps, ainfi que les Officiers de femeftre, ne perdent point de vue l'obligation où ils font de fe compléter par eux-mêmes.

### 4.

C'EST dans l'objet de multiplier les moyens qui peuvent concourir au fuccès des recrues, qu'il vient d'être permis de nouveau aux Commandans des Corps, de détacher un Officier & quelques bas Officiers, pour être employés au travail des recrues pendant l'été; il fera accordé, ainfi que l'année dernière, fur la Maffe des recrues, un fupplément d'appointemens de trente livres par mois, à chacun des Officiers-recruteurs, & un fupplément de paye de quinze fous par jour aux bas Officiers, pendant le temps qu'ils feront employés; pareille fomme de quinze fous par jour, fera comptée aux hommes de recrue pour leur nourriture. Ce traitement aura lieu dans tout le royaume, à l'exception des villes de Paris & de Lyon, où les Officiers auront trente-fept livres dix fous par mois; le fupplément de paye des bas Officiers employés dans ces deux villes, fera de vingt fous par jour, ainfi que la nourriture des recrues.

### 5.

CES différens établiffemens qui tendent tous à affurer le travail des recrues, doivent engager les Infpecteurs à vifiter dans le plus grand détail, les hommes qui ont été faits depuis la revue dernière, foit par l'État-major, foit par les Officiers de femeftre; ils feront fortir du rang ceux qui ne feront pas propres à fervir, & ils les feront congédier

4

fur le champ; ceux qui auront été faits par l'État-major, &
qui feront réformés, ne feront point remboursés: quant à
ceux qui auront été amenés aux corps par les Officiers
de femeftre, il fera ordonné une retenue de cent livres,
qui fera fupportée par les Officiers qui les auront faits, ils ne
recevront au furplus aucun rembourfement pour la dépenfe
qu'ils auront faite relativement à l'homme congédié.

6.

LES Infpecteurs ayant fait la revue de la totalité de ces
hommes de recrue, ils leur feront prêter ferment, conformément à ce qui eft prefcrit par les Ordonnances de Sa
Majefté.

7.

IL fera au furplus rendu compte de ceux des régimens
qui n'auront pas rempli le nombre d'hommes qu'ils ont été
chargés de faire pour fe compléter.

8.

L'EXAMEN des hommes de recrue étant fait, les Infpecteurs pafferont à celui des anciens Cavaliers que leurs
infirmités mettroient abfolument hors d'état de pouvoir
continuer leurs fervices, ils feront délivrer des congés abfolus
à ceux qui fe trouveront dans ce cas-là : l'article 34 de
l'ordonnance du 1.er janvier 1768, prefcrit que ces congés
ne feront délivrés que lors de la revue qui fera faite en
Septembre; mais fi les Infpecteurs y procèdent avant cette
époque, & fi la fituation de ces hommes infirmes ne peut
leur permettre de faire aucun fervice, Sa Majefté les
autorife à les leur faire délivrer auffitôt après leur revue,
fans en remettre l'expédition audit mois de Septembre.

9.

LA facilité avec laquelle on s'eft porté depuis la paix, à
propofer un nombre trop confidérable d'hommes pour les
Invalides, a caufé à cet Hôtel une furcharge en tout genre,
qu'il ne pouvoit fupporter plus long-temps, c'eft ce qui a
réduit Sa Majefté à la néceffité de n'y admettre cette année

25. Avril 1770.

5

que très-peu de sujets, & Elle sera obligée d'en agir ainsi par la suite, si les Inspecteurs ne sont pas plus réservés qu'ils ne l'ont été dans ces sortes de propositions. Il est donc très-important qu'ils se conforment avec exactitude à ce qui est prescrit par l'article 10 de l'instruction du 1.er mai 1768; Sa Majesté est dans les mêmes principes à cet égard, & son intention est toujours que ceux qui seront estropiés à son service, continuent d'être reçus audit Hôtel : Elle veut aussi que ceux qui auront continué de servir vingt-quatre ans dans le même régiment, y soient admis; mais Elle entend en même temps, que ceux qui auront passé d'un régiment dans un autre, devront avoir trente ans de service pour y être reçus, s'il n'y a point une interruption de six mois entre leurs différens engagemens : cette explication de la volonté de Sa Majesté, doit servir de règle aux propositions qui seront faites pour ces sortes de grâces ; lesquelles propositions n'auront lieu que lors du travail des Inspecteurs avec le Secrétaire d'État ayant le département de la guerre. Il sera joint aux états de propositions, deux certificats, l'un signé par le Commandant & le Major du corps, contenant le service des proposés, & l'autre par le Chirurgien; il sera marqué dans ce premier certificat si ces hommes se sont rengagés depuis la nouvelle composition. Ces deux certificats seront au surplus accompagnés du congé absolu de l'homme proposé, & l'on prévient les Inspecteurs que ces trois pièces sont absolument indispensables.

### 10.

Il sera fait mention de ceux des hommes qui préfèreront de se rendre chez eux pour y jouir de la solde réglée par l'Ordonnance du 26 février 1764, concernant les Invalides, sur le pied de quatre sous pour les Fourriers & Maréchaux-des-logis, & de trois sous pour les autres bas Officiers, Cavaliers, Hussards & Dragons. Sa Majesté les dispensera de se rendre à l'Hôtel pour s'y faire recevoir, en vertu du certificat qui leur sera expédié en conséquence par le Gouverneur dudit Hôtel; il sera fait mention de même de ceux qui defireront de fervir dans les compagnies détachées. C'eft au furplus, pour mettre les Infpecteurs en état de travailler uniformément fur cet objet, que l'on joint à la préfente inftruction, un modèle de l'état qu'ils auront à fuivre. Ils marqueront l'endroit d'où devront partir les routes qu'il fera néceffaire d'expédier pour ceux qui feroient abfens du régiment; ils feront connoître auffi fi parmi ceux qui feront admis à l'Hôtel, il s'en trouvera qui aient befoin de voiture pour s'y rendre.

I I.

LES Infpecteurs ayant fatisfait aux différens éclaircif-femens ci-deffus demandés, ils fe feront préfenter les hommes qui compofent la quatrième & dernière claffe des congés d'ancienneté, qui doivent partir cette année. Ils feront expédier, & figneront la cartouche de ceux compris dans cette claffe, qui ne fe feront point rengagés; mais elle ne leur fera délivrée dans les régimens dont les revues auront été faites antérieurement au mois de Septembre, qu'à l'époque du 1.er de ce mois: il en fera joint un état à l'extrait de la revue. Ils arrêteront auffi l'état, dont ils enverront un *duplicata* au Secrétaire d'État de la guerre, des bas Officiers, Cavaliers & Dragons qui feront dans le cas, par l'expira-tion de leur engagement ou de leur rengagement, d'être congédiés en 1771 & 1772.

1 2.

APRÈS avoir conftaté le renvoi de ces différentes claffes de congé d'ancienneté aux époques qui font fixées, ils an-nonceront aux Troupes, que Sa Majefté veut bien encore accorder une folde entière par régiment de Cavalerie, de Huffards, de Dragons & de Troupes-légères; celui qui fera admis doit avoir au moins vingt-quatre ans de fervice, & n'avoir contracté aucun nouvel engagement depuis la nou-velle compofition, c'eft à quoi les Infpecteurs doivent donner la plus grande attention; il n'aura la folde du grade actuel qu'autant qu'il aura fervi dans ce grade pendant huit années; & à ce défaut, il ne pourra toucher la folde que du grade

7

inférieur au fien. Pour cet effet, Sa Majefté veut que dans l'état de fignalement qui fera adreffé de cet homme, & dont on joint ici un modèle, il foit fait mention du jour qu'il aura été nommé à fon grade actuel, ce qui doit conftater la folde dont il devra jouir chez lui. Son congé abfolu lui fera expédié avec un certificat de fervice, lequel indiquera l'endroit où il fe retirera, & dont il fera fait note au fignalement dont il a été parlé ci-deffus; il fera auffi délivré à cet homme, avant fon départ du corps, qui n'aura lieu qu'en Septembre, un habit neuf, une vefte neuve & un chapeau neuf, avec une lettre de l'Infpecteur à l'Intendant de la province dans laquelle il fe retirera, à l'effet de lui recommander de le faire jouir de fa folde & des mêmes avantages accordés aux Invalides qui font retirés dans les provinces.

## 13.

LES Infpecteurs procèderont enfuite au choix qu'ils auront à faire dans chaque régiment de Cavalerie, de quatre Cavaliers pour le régiment des Carabiniers, lefquels feront pris non indiftinctement, fur les quatre efcadrons, mais à raifon d'un homme par compagnie, fuivant l'ancienneté defdites compagnies, en obfervant néanmoins de n'en point tirer de celles qui en auroient fourni l'année précédente; ils les feront partir pour leur deftination, auffitôt après la revue, fur les routes qui feront jointes à la préfente inftruction: Sa Majefté leur recommande au furplus, ainfi qu'aux Commandans des corps, de ne détacher pour ce régiment que des hommes capables d'en foutenir la diftinction; mais Elle penfe en même temps, qu'il n'eft pas néceffaire qu'ils foient de la taille de cinq pieds fept à huit pouces, un homme de cinq pieds cinq pouces, bien conftitué, & ayant de la conduite, devant être propre au fervice de ce corps: Elle defire auffi que les Infpecteurs aient attention à ne point comprendre dans le tirage quelques-uns des fujets qui annonceroient des talens pour devenir bas Officiers.

## 14.

ILS termineront l'examen des hommes par fe faire

préfenter ceux qui ont fait la guerre, & ils feront mention dans l'arrêté de leur revue, du nombre qui fe trouvera dans chaque corps: ils informeront en même temps, en général, de l'efpèce & de la qualité defdits hommes. Il importe auffi qu'il foit rendu compte de ceux qui fe feront rengagés depuis le mois de Septembre dernier, & il en fera joint un état à la revue.

## 15.

CES opérations étant réglées, les Infpecteurs examineront les contrôles des Majors, à l'effet de vérifier fi les Officiers, bas Officiers, Cavaliers, Huffards ou Dragons qui compoferont chaque compagnie, y font infcrits par ordre, & fuivant leur ancienneté.

## 16.

VEUT Sa Majefté, que la diftribution des deux fous par lieue, qui doivent être payés aux hommes qui feront congédiés, foit par réforme, foit par ancienneté de fervice, foit faite à l'ordinaire; ce qui cependant n'aura lieu que dans le cas où le décompte du linge & chauffure que chaque homme doit avoir en Maffe, fuivant l'ordonnance du 20 mars 1764, ne fuffiroit pas pour le rendre à fa deftination.

## 17.

IL ne fera accordé aucun fupplément à ceux qui étant néceffaires à leur famille, obtiendront leur congé abfolu. Le nombre de ces congés continuera d'être fixé à cinq hommes par chaque régiment de Cavalerie, de Dragons, de Huffards & de Troupes-légères. Les Infpecteurs, de concert avec les Commandans des Corps, jugeront des raifons de chacun, & décideront de ceux qui devront obtenir cette grâce, en payant le prix réglé par l'article 31 de l'Ordonnance du 1.er janvier 1768. Il en fera envoyé un état au Secrétaire d'État ayant le département de la guerre; ils lui adrefferont de même un état de tous ceux qui feront congédiés.

## 18.

LES Infpecteurs pafferont enfuite à l'examen des chevaux.

25. Avril 1770.

### 9

Sa Majesté, en établissant une Masse pour la remonte des régimens de Cavalerie, Huffards, Dragons & Troupes-légères, eft parvenue à affurer à l'avenir le remplacement des chevaux qui viendront à manquer dans les corps : c'eft aufli pour mettre cette caiffe en état de fatisfaire par la fuite à la dépenfe qu'il fera néceffaire de faire pour l'achat defdits chevaux, qu'il a été affecté des fonds particuliers pour la fourniture de ceux qui manquoient à la revue dernière dans les régimens de Cavalerie & de Dragons, à raifon de quatre cents livres par cheval de Cavalerie, & de trois cents livres par cheval de Dragons: ce qui n'a point eu lieu pour les régimens de Huffards & de Troupes-légères ; Sa Majefté venant de faire paffer à ces corps, les chevaux qui leur manquoient pour les porter au complet.

### 19.

Ils rendront compte defdits chevaux de remplacement, & vérifieront fi le nombre ordonné a été acheté, s'ils font d'une bonne tournure, s'ils ont la taille requife: en un mot, s'ils font propres au fervice de la troupe à laquelle ils ont été deftinés; ils fe feront rendre compte de la recette & de la dépenfe relatives auxdits achats; mais on les prévient qu'il ne doit être fait aucune mention de l'excédant auquel cette acquifition pourroit avoir donné lieu ; Sa Majefté voulant qu'il n'en foit accordé aucun au-delà de la fomme qui a été comptée pour le prix de chaque cheval, & qu'il ne foit rien pris fur les fonds de la Maffe pour cet objet d'excédant. Ils ne fauroient trop recommander aux chefs des corps, de faire prendre le plus grand foin de ces chevaux, & on leur obferve qu'on ne doit point exercer cette année ceux qui n'ont pas quatre ans faits, on les promènera feulement; & comme il ne s'en trouvera pas alors affez pour exercer la totalité des Cavaliers, ceux qui auront de jeunes chevaux monteront ceux de leurs camarades, autant que faire fe pourra: on fera au furplus promener la totalité des chevaux, lorfque la rigueur de la faifon ou le mauvais temps ne permettra pas d'efcadronner.

A v

## 20.

LE nombre de ceux qui ont été réformés depuis la paix a été très-confidérable, & on ne peut fe diffimuler qu'il a encore été trop étendu l'année dernière; l'intention de Sa Majefté eft qu'il ne foit réformé que ceux qui feront décidés mauvais & hors d'état de foulager les autres pour les exercices : ces chevaux feront vendus fur le champ en préfence d'un Officier-major par les foins du Commif-faire des guerres chargé de la police du régiment, con-formément à ce qui eft prefcrit par l'ordonnance du 1.er décembre 1768. Veut Sa Majefté que cette ordonnance foit exécutée dans tous les points avec exactitude, & les Infpecteurs y tiendront la main : ils auront auffi attention de joindre au travail de leur revue, un relevé de la fituation où fe fera trouvée au 1.er Mai la caiffe de ladite Maffe.

## 21.

SA MAJESTÉ ayant réglé que les Officiers de Cavalerie, de Huffards, de Dragons & de Troupes-légères, feroient toujours & en tout temps montés fur des chevaux d'efcadron, les Infpecteurs examineront s'ils le font convenablement ; ils en joindront un état particulier à leur extrait de revue, & il y fera fait mention de la bonne ou de la mauvaife efpèce des chevaux ; ils entreront auffi dans l'examen de ceux qui font montés par les Porte-étendards & Porte-guidons, pour lefquels il a été fait une Maffe particulière dont ils fe feront rendre compte, ainfi que de la manière dont les Officiers de l'État-major, qui ont la permiffion d'en avoir à courte queue, font montés.

## 22.

SA MAJESTÉ a réglé que les chevaux qui feront em-menés par les déferteurs, feront payés par les trois chefs de l'État-major, fur le pied de quatre cents livres pour un cheval de Cavalerie, trois cents livres pour un cheval de Dragons, & deux cents cinquante livres pour un cheval de Huffards & de Troupes-légères ; cette difpofition continuera d'avoir fon exécution, & les fommes qui en proviendront, feront exactement remifes à la caiffe de la Maffe des

*25. Avril 1770.*

**11**

remontes, & payées par tiers par lefdits Officiers : les Majors répondront de la remife defdites fommes à la caiffe, & les Infpecteurs les chargeront d'inftruire le Secrétaire d'État ayant le département de la guerre, des hommes qui déferteront, diftinguant ceux qui feront partis montés ou non montés.

**23.**

CEUX des chevaux qui feront repris, ne feront pas payés fur le pied ci-deffus réglé, & les États-majors feront feulement affujettis au payement de ce qu'ils auront coûté pour s'en emparer ou pour les racheter.

**24.**

L'EXAMEN des hommes & des chevaux étant fait, les Infpecteurs verront fi les hommes de recrue & les chevaux de remonte ont été diftribués dans les compagnies en proportion de ce qui y manquoit, de manière qu'elles foient à peu-près égales en nombre pour faire le fervice : ils obferveront que les efcouades doivent toujours être égalifées dans chaque compagnie ; ils feront procéder au choix des hommes qui devront remplir les places de hautes-payes qui deviendront vacantes par le renvoi des congédiés ; mais dans le cas qu'il ne fe trouvât pas de fujets qui y fuffent propres, elles refteront vacantes jufqu'à ce qu'elles puiffent être remplies par des fujets capables. On obferve au furplus que dans les régimens dont les revues feront faites antérieurement à l'époque du 1.ᵉʳ Septembre, ces hautes-payes ne pafferont au grade auquel elles feront deftinées, qu'après le départ des bas Officiers qu'elles remplaceront.

**25.**

LES Infpecteurs ayant procédé à ces différentes opérations, de la manière ci-deffus prefcrite ; ils feront en état de conftater leur revue, & d'en former le livret, dont le modèle fera joint à la préfente Inftruction ; ils n'y feront mention que des hommes & des chevaux qui compoferont les compagnies de chaque régiment après le renvoi des congédiés & des réformés ; & comme les Cavaliers, Dragons

& Huſſards qui ſeront dans le cas d'obtenir les Invalides, ne ſeront pas alors connus, leur ſort ne devant être décidé que lors du travail des Inſpecteurs avec le Secrétaire d'État de la guerre, ces hommes ſeront compris dans la revue; ils ſuivront donc leurs corps dans le cas de mouvement. Il en ſera de même de ceux qui, étant néceſſaires à leur famille, ſeront admis à ſe remplacer, leſquels reſteront au corps juſqu'à ce qu'ils aient dépoſé à la caiſſe le prix de leur dégagement.

### 26.

LE livret de revue étant arrêté, c'eſt alors que les Inſpecteurs ſe feront rendre un compte très-particulier des hommes qui auront manqué depuis la dernière revue, par mort, par déſertion, ou par des congés accordés à ceux qui auront eu la permiſſion de ſe remplacer. Il en ſera dreſſé un état général qui ſera joint à l'extrait de revue; cet état comprendra auſſi ceux des hommes qui auront été réformés cette année ou auront obtenu des congés d'ancienneté : on obſerve qu'il doit être mis au bas de cet état, qui comprendra auſſi les chevaux qui auront été réformés ou qui ſeront morts, une récapitulation qui préſente en total ces différentes mutations.

### 27.

LES Inſpecteurs viſiteront enſuite avec la plus grande attention toutes les parties de l'habillement, de l'équipement, & de l'hárnachement du cheval; pour cet effet ils ſe feront repréſenter les états & devis de la réparation précédente.

### 28.

ILS préviendront les Officiers de l'État-major, de former l'état particulier des fournitures relatives à l'habillement dont ils jugeront avoir beſoin pour l'entretien & les réparations journalières; ils examineront ſi les parties demandées ſont abſolument indiſpenſables, & ſi la petite Maſſe affectée à la dépenſe deſdites réparations eſt en état de la ſupporter, afin de préférer ou retarder l'exécution des réparations plus ou moins urgentes, de proportionner à cet égard la

25. Avril 1770.

13

dépenfe aux moyens qui y font affectés, & d'empêcher que la petite Maffe ne fe trouve obérée; ils certifieront & approuveront ledit état qu'ils joindront à leurs extraits de revue, pour être l'expédition defdites fournitures ordonnée des magafins d'approvifionnement, au cas que les régimens ne foient pas à portée de fe les procurer fur les lieux de leur emplacement, au même prix & de la même qualité qu'elles font faites par la régie de l'habillement. Les Majors feront prévenus qu'il ne fera fait droit fur aucune demande qu'ils feroient des fournitures néceffaires à leurs réparations journalières, qu'autant que leur mémoire fera vifé & arrêté par l'Infpecteur.

## 29.

PLUSIEURS régimens ayant interprété d'une manière différente la difpofition de l'article 4 de l'Ordonnance portant règlement fur les voitures, du 1.er juillet 1768; & Sa Majefté voulant expliquer fes intentions à cet égard, Elle entend que les régimens foient tenus de faire mettre en œuvre les fournitures qui leur auront été adreffées dans les trois mois qui fuivront leur réception, ou qu'elles foient voiturées à la fuite des corps qui auroient négligé de les faire employer : Ordonne Sa Majefté que fi le nombre de voitures prefcrit n'eft pas fuffifant pour tranfporter lefdites marchandifes réfervées, concurremment avec les autres bagages ou effets appartenans à Sa Majefté, les Officiers foient tenus de payer le prix d'une voiture qui leur fera feulement accordée pour le tranfport des marchandifes qu'ils auroient négligé de faire employer; la permiffion de dépofer dans le lieu de leur départ les étoffes deftinées à leurs réparations, ne devant avoir d'application que dans le cas où le régiment, ayant reçu les étoffes, recevroit, avant la révolution des trois mois qui font accordés pour les faire mettre en œuvre, des ordres de fe mettre en marche pour changer d'emplacement : les Officiers obferveront de faire tranfporter dans tous les cas à la fuite des régimens les draps & doublures des couleurs diftinctives qui leur font affectées, les galons & boutons uniformes qui ne pouvant être employés aux réparations des autres régimens, font propres à chaque corps & doivent en être inféparables.

## 30.

LES Infpecteurs examineront enfuite l'armement des Officiers, bas Officiers, Cavaliers Dragons & Huffards; ils verront s'il eft tenu dans la propreté convenable dans toutes fes parties; ils fe feront repréfenter toutes les armes qu'on leur accufera être défectueufes; ils en ordonneront ou la réparation ou la fuppreffion s'il y a lieu, & ils dreffe-ront, pour rendre un compte exact de la fituation de l'armement, un état conforme au modèle joint à la préfente inftruction.

## 31.

ON croit devoir les prévenir de nouveau que, depuis qu'il a été donné des ordres pour changer les modèles des armes, la plupart des Commandans des corps ne ceffent de repréfenter que celles dont les régimens font actuel-lement pourvus, font pour la plupart défectueufes ou hors de fervice; il convient de leur faire connoître que l'intention du Roi eft qu'ils gardent leurs armes jufqu'à ce qu'ils ne puiffent plus en faire ufage: Veut d'ailleurs Sa Majefté que toutes celles des anciens modèles qui fe trouveront encore dans fes magafins, foient employées, & qu'il n'en foit diftribué aucunes des nouveaux modèles, tant qu'il y en aura d'anciennes encore en état de fervir dans lefdits magafins; c'eft ce que les Infpecteurs feront entendre aux régimens.

## 32.

IL a été donné des ordres pour faire diftribuer cinquante livres de poudre, & vingt-cinq livres de plomb à chaque efcadron de Cavalerie, & trois cents livres de poudre & cent cinquante livres de plomb à chaque régiment de Dragons; les Infpecteurs donneront les ordres les plus précis

### 15

pour l'emploi utile de ces munitions, afin qu'elles ne foient confommées à d'autres ufages que ceux auxquels elles font deftinées ; & comme il ne fe trouve pas par-tout des emplacemens convenables pour contenir cette quantité de munitions, & fouvent davantage, on a chargé les Commandans dans les places, de veiller à ce que les Troupes n'en prennent qu'à mefure de leurs befoins; les Infpecteurs feront exécuter cet ordre avec la plus grande exactitude.

### 33.

ILS fe feront auffi repréfenter les états de recette & de dépenfe depuis le mois de Mai dernier; ils s'en feront rendre compte, ainfi que de l'emploi des différentes Maffes deftinées à l'entretien des Troupes, & ils informeront fommairement & feulement par récapitulation fur chaque objet de comptabilité, le Secrétaire d'État ayant le département de la guerre, de la fituation où ces différentes parties fe trouveront au 1.er Mai de la préfente année, époque à laquelle Sa Majefté entend qu'elles foient arrêtées à l'avenir; ils obferveront de tenir la main à ce que les Majors des régimens dreffent le relevé du compte de la Maffe des recrues, jufqu'audit jour 1.er Mai, dans la forme prefcrite par l'inftruction du 30 avril de l'année 1768 : ils adrefferont ce relevé avec leur extrait de revue, & ils y joindront par un état féparé, celui du compte de la Maffe des remontes. On obferve au furplus qu'il doit être recommandé aux Majors de faire paffer tous les quatre mois, ainfi qu'il a été ordonné, les états détaillés des parties de dépenfe affectées fur chacune des Maffes deftinées à l'entretien du linge & chauffure, & aux réparations journalières.

### 34.

ILS drefferont, de concert avec les Commandans des corps, l'état des Cavaliers & des Dragons qui pourront s'abfenter du 15 Octobre au 15 Avril, à raifon d'un homme par efcouade au plus, & d'un Maréchal-des-logis par compagnie; mais l'intention de Sa Majefté eft que parmi ces hommes qui obtiendront des congés de femeftre, il n'y foit compris que deux Brigadiers par compagnie de Cavalerie & de Dragons, ce qui doit de même être exécuté en proportion du petit nombre de cette efpèce de bas Officiers qui exiftent dans les régimens de Huffards & les Troupes-légères, dont la compofition eft différente. Veut auffi Sa Majefté que ces congés ne foient accordés qu'à des hommes bien connus & ayant du bien chez eux: cet objet eft de la plus grande importance, & il fera recommandé aux Commandans & aux Majors des Corps d'y tenir la main; les Infpecteurs leur obferveront auffi que ceux des bas Officiers, Cavaliers & Dragons qui ne feront pas affez inftruits dans les différens exercices pour être de la première claffe, ne participeront point à ces congés.

## 35.

ILS renouvelleront aux Majors l'obligation où ils font de prévenir les Cavaliers & Dragons, auxquels il fera expédié des congés limités, de la néceffité où ils feront, conformément à l'article 13 de l'inftruction du 16 août 1766, de faire vifer leur cartouche par les Officiers ou Cavaliers de Maréchauffée, fous peine contre ceux qui y manqueront, d'être punis de la prifon à leur arrivée au régiment.

## 36.

LES différentes opérations détaillées dans la préfente inftruction, conduiront par degré les Infpecteurs à la connoiffance de la tenue & de la difcipline qui s'obfervent dans les corps; ils porteront une attention très-particulière fur ces deux objets, & ils en rendront un compte très-détaillé.

## 37.

ILS termineront leur revue par l'exercice & les manœuvres qu'ils feront exécuter aux régimens, & dont ils rendront également compte: Ils font prévenus que tous les Officiers, depuis le Meftre-de-camp jufqu'au Porte-étendard ou Porte-guidon, font tenus de favoir exécuter

17

généralement tout ce qui a rapport aux différens maniemens
des armes & aux manœuvres, tant à pied qu'à cheval,
afin de pouvoir les enseigner à leur troupe : Il importe
donc beaucoup qu'ils fassent des examens très-exacts du
travail de chaque Officier en particulier; il convient aussi
qu'ils fassent donner devant eux des leçons aux Cavaliers;
ils examineront au surplus si l'Ordonnance des exercices
& des manœuvres de la Cavalerie, s'exécute avec uniformité
& l'exactitude qui a été recommandée; ils porteront également-
ment leur attention à faire exécuter avec précision ce qui
a été prescrit par l'instruction de l'exercice des Dragons :
On les prévient qu'il ne doit être accordé ni semestre, ni
proposé de congé pour ceux des Officiers qui auroient
négligé leurs instructions; les Inspecteurs recommanderont
aux Commandansdes corps, de se conformer à ce qui est
prescrit à cet égard.

38.

Ils préviendront aussi les Commandans, que le travail des
recrues, qui, conformément à l'ordonnance du 1.<sup>er</sup> janvier
de l'année 1768, doit se faire en commun, ne dispensera
pas les Officiers d'en faire par eux-mêmes; & l'intention
de Sa Majesté est qu'aucun Capitaine, Lieutenant ou Sous-
lieutenant, ne puisse profiter du semestre, qu'à la charge
de faire au moins deux hommes de cinq pieds trois pouces
six lignes au moins, pieds nus, pour la Cavalerie; & de
cinq pieds trois pouces pour les Dragons, ainsi qu'il est
expliqué par l'article 25 de ladite ordonnance, & auquel
ils se conformeront exactement.

39.

Entend Sa Majesté que tout Officier à qui il sera
accordé pendant l'été, un congé d'un, de deux ou de trois
mois, soit tenu de faire un homme de recrue pendant
la durée dudit congé, & deux hommes, lorsque le congé
sera de plus de trois mois. Sa Majesté excepte de cette
obligation, ceux qui feront forcés de s'absenter pour raison
de maladies graves, ou par la nécessité où ils seront d'aller

prendre les eaux, ce qui fera conftaté par des certificats en bonne forme; mais Elle veut en même temps, que ceux qui s'abfenteront pour leurs affaires particulières, ne puiffent être difpenfés de fatisfaire à l'obligation qui eft impofée ci-deffus. Il fera retenu fur les appointemens de ceux qui rejoindront leur corps, fans avoir rempli la condition prefcrite, une fomme de cent livres pour chacun des hommes qu'ils auroient dû faire, & le produit de cette retenue fera remis à la Maffe des recrues. Les Infpecteurs informeront exactement & au plus tôt, les Commandans des corps, des intentions de Sa Majefté à cet égard.

## 40.

ILS procèderont enfuite à l'examen des mœurs, de la conduite & des talens des Officiers: on joint à cet effet à la préfente inftruction, des feuilles d'obfervation, fur lefquelles il fera fait mention de chaque Officier, lefquelles feuilles feront jointes par un paquet particulier, à l'extrait de revue; Sa Majefté les difpenfe d'envoyer des renfeignemens fur les bas Officiers en particulier, mais ils en marqueront leur avis en général.

## 41.

SA MAJESTÉ a lieu d'être fatisfaite des comptes avantageux qui ont été rendus de l'application de la plupart des Capitaines & de leur attention à remplir leurs devoirs; mais Elle eft inftruite qu'il s'en faut bien que la même activité fe trouve dans les Lieutenans & Sous-lieutenans, la plus grande partie marquant plus de négligence que de zèle à l'exécution de ce qui leur eft prefcrit : c'eft dans l'objet d'arrêter un abus auffi préjudiciable au fervice, que Sa Majefté entend que les Infpecteurs, de concert avec les Commandans des corps, entrent dans le plus grand détail fur la manière de fervir de ces Officiers fubalternes, & qu'il foit rendu compte de ceux qui par leur inconduite ou défaut d'application, feroient dans le cas d'être réformés; Sa Majefté étant dans l'intention de ne conferver à fon fervice que des Officiers qui fervent avec zèle & application.

19

## 42.

ELLE permet aux Infpecteurs, de recevoir les mémoires des grâces, même ceux qui regardent la Croix de Saint-Louis; ils joindront ces mémoires à leur extrait de revue, & lorfqu'il en aura été rendu compte à Sa Majefté, il leur fera fait part de celles qu'Elle aura bien voulu accorder.

## 43.

ON termine cette inftruction par recommander aux Infpecteurs, de conftater par un Mémoire particulier, le réfumé de leur travail, dans lequel il fera généralement fait mention de la tenue, de la difcipline, de l'efprit du régiment, de la qualité des hommes & des chevaux, de ceux qui feront congédiés, réformés, morts & défertés, de la manière dont le corps eft exercé, fes finances admi-niftrées, & fon habillement tenu; ce mémoire contiendra enfin tout le détail de l'opération dont Sa Majefté les charge par la préfente inftruction.

FAIT à Verfailles le vingt-cinq avril mil fept cent foixante-dix. *Signé* LOUIS. *Et plus bas,* LE DUC DE CHOISEUL.

A PARIS, DE L'IMPRIMERIE ROYALE. 1770.